《中国传统文化教育读本》编写组　编

主　编　段守政

副主编　侯廷宾

中国传统文化教育读本

——孝经

河南大学出版社
HENAN UNIVERSITY PRESS
·郑州·

图书在版编目(CIP)数据

孝经/《中国传统文化教育读本》编写组编. —郑州：河南大学出版社，2016.9
（2019.7重印）
　（中国传统文化教育读本）
　ISBN 978-7-5649-2348-8

Ⅰ.①孝… Ⅱ.①中… Ⅲ.①家庭道德-中国-古代 Ⅳ.①B823.1

中国版本图书馆 CIP 数据核字（2016）第 233570 号

| | | | |
|---|---|---|---|
| 责任编辑 | 程新晓　付会娟 | 责任校对 | 林方丽 |
| 封面设计 | 郭　灿 | | |

出版发行　河南大学出版社
　　　　　地址：郑州市郑东新区商务外环中华大厦 2401 号　邮编：450046
　　　　　电话：0371-86059701
　　　　　网址：www.hupress.com
排　　版　郑州金点图文设计有限公司
印　　刷　郑州市毛庄印刷厂
版　　次　2016 年 9 月第 1 版　　　　　　　印　次　2019 年 7 月第 6 次印刷
开　　本　787mm×1092mm　1/16　　　　　印　张　7.25
字　　数　81 千字

ISBN 978-7-5649-2348-8　　　　　　　　　定　价　19.00 元

（本书在编写过程中，参考引用了一些资料、图片，取得了原作者的大力支持，在此谨表感谢，但因一些作者的地址不详，我们无法取得联系。敬请各位作者与我们联系，以便做出妥善处理。）

# 前 言

传统文化是一国文化之根源、历朝历代文化的积累和传承,让中国文化自成体系,融会贯通。而文学经典作为其主要媒介,世代相传,因此即使相隔千年,其蕴含的精神内核和文化意义依旧根植在每一位中国人的血液里。传统文化经典拥有浓厚的中国文化底蕴,每一位学子都应对其进行品读、感悟、求索……做一个有文化底蕴、有学识素养的中国人。

鉴于传统文化经典与我们隔着漫长的岁月,有些读者已经不能流畅地阅读、准确地把握其中的意义,为了帮助读者更好地掌握传统文化,我们特编写了本套《中华传统文化教育读本》。本书有以下特点。

**一、版本权威,原文经典**

国学经典原文经过专家学者精心审读,提供给读者最为准确的文本,根据文意区分段落,便于读者理解原文。

**二、大字注音,精细注释**

我们采用大字注音的形式编排全文,一方面出于保护学生视力的目的,另一方面也有助于他们自主阅读,对其中的疑难字句加以注释,力求简明扼要,读者可据此反复诵读,加深理解。

### 三、全文翻译，对照理解

为了帮助读者实现无障碍阅读，更好地理解作品，除了对疑难字句加以注释，我们倾注了大量心血对原文进行翻译，以帮助读者把握语句之意，加深语感，译文力求浅显明白，便于记忆。

### 四、故事链接，提高兴趣

经典国学内容丰富，语义深刻，为了使读者更好地理解其中的深奥意义，我们有针对性地在文后增加了一些趣味故事链接。这些与内容密切相关的故事，不但有助于学生理解原文，而且能让他们积累知识、增长见识，更能提升他们的阅读兴趣。

《中国传统文化教育读本——孝经》一书由段守政担任主编，侯廷宾担任副主编，其中侯廷宾负责编写第一章至第十二章，段守政负责编写第十三章至第十八章。

# 目 录

开宗明义章第一 …………………………………………… 1
天子章第二 ………………………………………………… 9
诸侯章第三 ………………………………………………… 15
卿、大夫章第四 …………………………………………… 21
士章第五 …………………………………………………… 27
庶人章第六 ………………………………………………… 33
三才章第七 ………………………………………………… 37
孝治章第八 ………………………………………………… 43
圣治章第九 ………………………………………………… 51
纪孝行章第十 ……………………………………………… 59
五刑章第十一 ……………………………………………… 65
广要道章第十二 …………………………………………… 71
广至德章第十三 …………………………………………… 77
广扬名章第十四 …………………………………………… 83
谏诤章第十五 ……………………………………………… 87
感应章第十六 ……………………………………………… 93
事君章第十七 ……………………………………………… 99
丧亲章第十八 ……………………………………………… 103

|开宗明义章第一|

  这一章是整部《孝经》的总纲，开宗明义阐述本书的宗旨，主要说明孝道的重要性以及孝道的基本内涵，是《孝经》的基本精神所在。

  孔子对曾子讲：孝是一切德之本，所有品德、教化由此产生，教化是孝的文化，人有品德的根源是孝，由孝这个源头流出的河流就是教化。

仲尼居①，曾子侍②。子曰："先王有至德要道③，以顺天下④，民用和睦，上下无怨。汝知之乎？"曾子避席曰："参不敏，何足以知之？"子曰："夫孝，德之本也，教之所由生也。复坐，吾语⑤汝。身体发肤，受之父母，不敢毁伤，孝之始也。立身行道，扬名于后世，以显父母，孝之终也。夫孝，始于事亲，中于事君，终于立身⑥。《大雅》⑦云：'无念尔祖，聿修厥德⑧。'"

### 注　释

①仲尼居：孔子闲居在家。仲尼，指孔子，名丘，字仲尼。居，

闲居在家。

②曾子侍：曾参陪坐。曾子，指曾参，字子舆，孔子的弟子。据说曾参能孝顺父母，孔子认为他可通孝道，因此向他传授孝的道理。侍，陪坐。

③至德要道：至善至美的品德和至关重要的道理。至，极。要，重要。

④以顺天下：使天下人心顺从。顺，顺从。

⑤语：告诉。

⑥始于事亲，中于事君，终于立身：以侍奉双亲为孝行之始，以为君王效忠、服务为孝行的中级阶段，以建功立业、光宗耀祖为孝行之终。这是儒家认为的"孝"的三个阶段。

⑦《大雅》：此指《诗经·大雅·文王》。

⑧无念尔祖，聿修厥德：怎能不想念先祖呢？要努力继承先祖的美德呀！尔，你，你的。祖，祖先，诗中指文王。聿，助词，无意义。修，继承。厥，其，此处指代文王。

### 译 文

孔子闲居在家，曾子陪坐。孔子说："从前的帝王有最高尚的品行和最重要的道理，用它可以使得天下人心顺从，百姓和睦融洽相处，各种地位的人都没有怨恨和不满。你知道这是什么吗？"曾子连忙起身离开坐席，回答说："我生性愚钝，哪里能够知道这个呢？"孔子说："那就是孝！孝是一切道德的根本，是一切品行的教化的出发点。你先坐下，我告诉你。身体发肤，都是从父母那里得来的，不敢予以损坏，这是孝道的开端。建功立业，践行孝道，使后世知道自己的美德，为父母增加荣耀，是孝道的终结。孝，开始时从侍奉父母做起，中间阶段是效忠君主，最后是建功立业、光宗耀祖。《诗经·大雅》里说：'怎能不想念先祖呢？要努力继承先祖的美德呀！'"

## 故事链接

### 孝为人之本

孝是我们做人的根本，是社会有序运行的基础。从古至今，虽然时代在变化，可是孝顺父母这个基本准则却从来没有变过。

东汉时期，江夏地区有个叫黄香的小孩子，年纪才九岁，可是十分懂事孝顺。

到了夏天，天气炎热，蚊虫繁多。小黄香觉得父母每日操劳太辛苦，于是每天趁父母还在劳作的时候，他就给父母搭好蚊帐，铺好凉席，把嗡嗡叫的蚊子都赶跑，然后用蒲扇一下一下地扇风，让枕头和席子都清凉。这样，每天父母上床睡觉时就能凉爽舒适，不受蚊虫干扰了。

等到大雪纷飞的冬天，屋子里冷得像冰窖。小黄香自己冻得哆哆嗦嗦，但是他看到父母还出门干活儿，在冻成冰的河里洗衣服，就暗下决心要好好孝敬父母。到了晚上，吃过晚饭，父母还在忙碌的时候，他就钻到父母的被子里，把被子捂暖和了，再请父母上床睡觉。而他再钻回自己寒冷的被子里。

父母见到黄香这么懂事，心中无比欣慰。左右邻居也都连声称赞，羡慕黄家出了个大孝子。就这样，黄香的事迹一传十，十传百，传到了京城，人们都说"天下无双，江夏黄香"。

黄香长大后做了官,历任郎中、尚书郎、尚书左丞,又升任尚书令。不论在什么位子上,黄香都是勤于政务、一心为公,加上他治理军政有方,受到当时天子汉和帝的嘉奖。黄香的儿子黄琼、曾孙黄琬,都官至太尉,闻名于天下。

中国人一向提倡孝道,古往今来,除了黄香外,还有许多孝子,他们给世人做出了良好表率。

清朝时,清丰县有一个大孝子赵文炳,家境贫寒,父亲很早就过世了,留下身体虚弱的母亲和一个小妹妹。家里只有他一个男丁,生活十分困顿。为了供养家人,他每天勤苦劳作,起早贪黑,靠卖豆腐来养家糊口。虽然忙得脚不沾地,但是赵文炳对母亲依旧侍奉如故,每天三餐都要亲手给母亲奉上。如果母亲不高兴了,他就变着法子开导,直到母亲喜笑颜开。

有一次,母亲卧病在床,赵文炳便随侍左右,早早起来收拾家务,做好饭菜,煎好汤药。又怕药太烫或者太凉,每次都要亲口尝过,试了温度正好,才会端给母亲喝。本来母亲的病来势汹汹,大夫都说恐怕很难救治,但是在他的精心照料下,母亲居然一天天好转了。邻居们都纷纷传扬,赵家出了个大孝子。

过了几年,母亲寿终正寝,赵文炳十分悲痛,想起已经过世多年的父亲,更觉痛悔,只恨自己没有能力厚葬双亲。于是他在坟前盖了一间茅屋,为父母守孝三年。

每一天他都会在坟上加一锹新土,然后再点起香烛祭奠。三年期满,赵文炳才又重操旧业,走街串巷卖豆腐了。不论他走到哪里,路上有多么辛苦,回到家,他总要兜一兜土倒在双亲的坟上。

看到哥哥这么孝顺,他妹妹也深受感动,每逢父母的忌日或者

中国传统文化教育读本

清明节，也兜一包土给父母上坟。年头久了，坟逐渐达到一丈多高，占了半亩地。当初赵文炳只在坟上栽种了一棵小小的柏树苗，现在，那棵树枝叶繁茂，绿荫遮日，十分壮观。乡里人都将这座坟称为"孝子坟"。

孝经

# 天子章第二

　　这一章从天子讲起,旧时认为帝王受命于天,天为其父,地为其母,故称"天子"。古代的天子以身作则,教化百姓,引导百姓于无形。天子的一言一行不但要考虑当时的影响,而且要考虑长远的影响。按尊卑次序分述自天子至庶人的五种孝行,这也是古人一直提倡的。孟子说:"老吾老以及人之老,幼吾幼以及人之幼。"同样的道理,从孝敬自己的父母开始,推己及人,以道德教化天下。

子曰①:"爱亲者,不敢恶于人②;敬亲者,不敢慢③于人。爱敬尽于事亲,而德教④加⑤于百姓,刑⑥于四海。盖⑦天子之孝也。《甫刑》⑧云:'一人有庆,兆民赖之⑨。'"

### 注 释

①子曰:今文本,自《天子章》至《庶人章》,只在最前面用了一个"子曰",而古文本则每章都以"子曰"起头。这可能是整理或传抄过程中造成的差异。我们采用今文本为底本。

②爱亲者,不敢恶于人:亲爱自己父母的人,不敢厌恶别人的父母。意思是说天子将对自己父母的亲爱之心(孝心)扩大到天下所有人的父母。爱亲,亲爱自己的父母。恶,厌恶。

③慢:怠慢,不敬。

④德教:道德修养的教育,即孝道的教育。

⑤加:施加。

⑥刑:通"型",典范,榜样。

⑦盖:句首语气词。

⑧《甫刑》:《尚书·吕刑》篇的别名。

⑨一人有庆,兆民赖之:天子有善行,天下的人民都可以信赖

孝经

他,依靠他。原文下面还有一句"其宁惟永"(能够长治久安)。一人,指天子。商、周时,商王、周王都自称"余一人"。庆,善。兆民,极言人民数目之多。

## 译 文

孔子说:"天子能够亲爱自己的父母,就不会厌恶别人的父母;能够尊敬自己的父母,也就不会怠慢别人的父母。天子以亲爱恭敬的心尽心尽力地侍奉父母,就能将孝行与德教施加到黎民百姓身上,成为天下人的榜样。这就是天子的孝道。《尚书·甫刑》里说:"天子有善行,天下百姓都信赖他,国家便能长治久安。""

## 故事链接

### 天下至孝汉文帝

汉文帝是高祖刘邦之子,名叫刘恒,其母亲薄氏本是南方的吴国人,生下刘恒后就被高祖嫌弃。但是薄氏没有怨愤之心,只是以身作则,贤德教导刘恒。后来刘恒被封代地,薄氏也随他一同前去,母子俩在这里度过了相对贫寒但安稳的日子。

受母亲影响,刘恒性格宽厚仁慈,深知母亲的不易,对母亲十分恭敬孝顺。后来刘恒登基做了皇帝,薄氏卧病在床,前后整整三年时间。刘恒虽然日理万机,国事繁忙,但每日仍旧抽出时间亲自侍奉母亲。母亲所服用的汤药,他总要先尝一尝冷热,到合适温度才亲手喂给母亲喝。朝廷内外,都为文帝这一孝顺之举所感动,贵为天子,依旧如平民百姓一般亲自侍奉母亲。

大臣们对文帝感到由衷的敬佩,不仅因为他孝顺母亲、宅心仁厚,作为天下之主,对普天之下的百姓也一视同仁、宽和仁爱。刘恒登基之前,吕后把持朝政,苛待百姓。刘恒登基后,颁布的第一道圣旨就是"大赦天下",这一条古已有之,不足为奇。但是紧接着,他又颁布了第二道圣旨"定赈穷、养老""令四方毋来献"。

第二道圣旨在中国历史上极为罕见,因为这道圣旨规定"对八十岁以上的老人,每人每月可以赐给米一石、肉二十斤、酒五斗;九十岁以上的老人,每人再加赐帛二匹、絮三斤。赐给九十岁以上老人之物,必须由县丞或者县尉送达;其他由啬夫(乡里的官吏)送达。"

文帝不仅将赈济百姓、体恤民情、关爱老人的话说了出来,更是切实贯彻下去。从上至下,推行孝道,关心老人。这条政策一出,天下皆为之震动,百姓纷纷感念文帝的恩德。

文帝在位时不好攻伐,休养生息,体恤百姓,天下安乐得治,国富民强,后人都将文帝和后来的景帝执政时期称作"文景之治"。有了文景之治作奠基,汉武帝才能南征北伐、开疆拓土,奠定中华疆域版图。

文帝宽厚仁爱之名遍布天下,他自己本是至孝之人,对天下的孝子贤顺也就格外宽待。我们所熟知的"缇萦救父",就是与文帝相关的。

传说当时有个叫淳于意的读书人,刚正不阿,本为太仓令,因不满官僚腐败,便辞去官职,跟随名医杨庆学习。淳于意天资聪颖,又刻苦努力,医术十分高明。

有一次,淳于意治病时不小心得罪权贵,对方告他误诊害死人命。按照当时的律法,淳于意应当被判"肉刑"。这种刑罚十分残酷，或脸上刺字，或割去鼻子，或砍去左足或右足。

淳于意愁肠百结，家人也伤心悲恸。淳于意的小女儿淳于缇萦心疼父亲，不顾家人阻拦，自告奋勇要到长安救父亲。到了长安后，缇萦托人写了一封奏章，到宫门递给守门人，请求转呈天子。

守门人遵照规定上呈，就这样，奏章一级一级传到了文帝手上。文帝听说奏章是一个小姑娘所写，很是震动，打开看时，奏章上说，肉刑十分残忍，人们就是想改过自新，也悔之晚矣。并说，她愿意为奴为婢，替父亲赎罪。

文帝被这个姑娘的孝道所感动，于是上朝发布政令，废除了残忍的肉刑。

| 诸侯章第三 |

这一章讲诸侯之孝。

西周开国时,周天子曾经按照亲疏远近与功勋大小分封诸侯,把天下分成许多小的诸侯国家,分成公、侯、伯、子、男五等爵位,可以世袭。因为天子之下便是诸侯,所以讲完天子的孝,就该讲诸侯的孝了。此处对诸侯劝孝,要求诸侯"在上不骄""制节谨度""长守富""长守贵""保社稷",作为诸侯尽"孝"的职责。

在上不骄，高而不危；制节①谨度②，满而不溢③。高而不危，所以长守贵也。满而不溢，所以长守富也。富贵不离其身，然后能保其社稷④，而和其民人。盖诸侯之孝也。《诗》⑤云："战战兢兢，如临深渊，如履薄冰。"

### 注　释

①制节：指费用开支节约俭省。

②谨度：指行为举止谨慎而合乎法度。

③满而不溢：财富充足但不奢侈浪费。溢，指超越标准的奢侈、浪费。

④社稷：指国家。社，土地神。稷，谷神。土地与谷物是国家的根本，古代立国必先祭社稷二神，因而，"社稷"便成为国家的代称。

⑤《诗》：即《诗经》。汉代以前《诗经》只被称为《诗》，汉武帝尊崇儒术，重视儒家著作，才加上"经"字，称之为《诗经》。

## 译 文

身居高位而不骄傲,其位置再高也不会有倾覆的危险;生活节俭、慎守法度,财富再充裕丰盈也不会僭礼奢侈。居高位而没有倾覆的危险,所以能够长久地保持自己尊贵的地位。财富充裕而不奢靡挥霍,所以能够长久地守住自己的财富。能够保持富有和尊贵,然后才能保住国家的安全,使黎民百姓和睦相处。这就是诸侯的孝道。《诗经》里说:"战战兢兢、小心谨慎地处事,就像身在深水潭边害怕坠落,脚踩在薄冰之上担心掉下去那样。"

## 故事链接

### 周公吐哺

周武王建立周朝后才两年便因病去世,儿子姬诵继承王位,史称周成王。可周成王当时才十三岁,年纪太小,缺乏决断力和政治意识,何谈执掌朝政?况且这时周朝初建,四方动荡。商朝虽然被灭,荒淫无道的纣王已死,可纣王之子武庚尚在,并且野心勃勃地想发动周朝政变,妄图复国。

在这种内忧外患的情势下,武王的弟弟周公旦义无反顾地扛起了重责,代天子摄政。从成王十三岁到二十岁,周公一直勤勤恳恳,一心为公,从无半点私念。

周公的封地本在鲁国,可是他因为朝中政事,无暇分身,所以一直未能去封地。等到他的儿子伯禽长大后,便派伯禽代他到鲁国做国君。伯禽临行前向父亲询问治国之道。周公问:"你认为我的地位如何?"

伯禽说:"那当然是很高的了。"

周公说:"是的。我的地位的确很高,但是我洗头发的时候,只要碰上急事,也不得不赶紧停止,将湿发握在手中出去办事;吃饭的时候,听说有人求见,就赶紧将来不及咽下的饭菜吐出来,立刻起身接见。就算是这样做,我还担心天下人不肯到我这里来。你去鲁国不过是一个小小的国君,自然更要勤勉了。"

伯禽连忙点头称是。到了鲁国,他果然以父亲的言行为准则,勤勤恳恳,坚持以周礼治国,使鲁国安定强盛。而周王朝在周公的辅佐下,内忧外患逐一排解,国力日盛,为"成康之治"打下坚实的基础。

孝经

# 卿、大夫章第四

这一章讲卿、大夫的孝。

卿、大夫是辅佐天子处理国家事务的高级官员,地位次于诸侯。他们帮助君王制定政策,也就是政策决定的集团,辅助君王治理国家,有效地把君王的思想贯彻下去。同时,他们也是政策的具体执行者,是全国行政的枢纽。卿、大夫在言语上、行动上要合于礼法,起到示范人群的作用,要尽心竭力地侍奉君王。

卿、大夫作为国家的中流砥柱,他们的所作所为代表着国家的意志,代表着君王的倾向,所以,一举一动都要谨慎,要对人民负责。

非先王之法服①不敢服,非先王之法言②不敢道,非先王之德行③不敢行。是故非法不言④,非道不行⑤;口无择言,身无择行⑥。言满天下无口过⑦,行满天下无怨恶。三者备⑧矣,然后能守其宗庙⑨。盖卿、大夫之孝也。《诗》云:"夙夜匪懈,以事一人⑩。"

### 注 释

①法服:按照礼法制定的服装。古代服装的式样、颜色、花纹(图案)、质料等,按不同的等级、不同的身份,有不同的规定。

②法言:合乎礼法的言论。

③德行:合乎道德规范的行为。一说指"六德",即仁、义、礼、智、忠、信。

④非法不言:不符合礼法的话不说,言必守法。

⑤非道不行:不符合道德的事不做,行必遵道。

⑥口无择言,身无择行:张口说话无须斟酌措辞,行动举止无

须考虑应当怎样去做。

⑦言满天下无口过：虽然言谈传遍天下，但是天下之人都不觉得有什么过错。满，充满，遍布。口过，言语的过失。

⑧备：完备，齐备。

⑨宗庙：祭祀祖宗的屋舍。古人认为，亲人亡故后，应设宗庙加以祭祀。

⑩"夙夜"二句：语出《诗经·大雅·烝民》。原诗赞美周宣王的卿大夫仲山甫，从早到晚，毫无懈怠，尽心竭力地侍奉周宣王一人。夙，早。匪，同"非"。懈，怠惰。一人，指周天子。

### 【译　文】

不是先代圣明君王所制定的合乎礼法的衣服不敢穿，不是先代圣明君王所说的合乎礼法的言语不敢说，不是先代圣明君王实行的道德行为不敢去做。所以不合乎礼法的话不说，不合乎道德的事不做；开口说话不需选择就能合乎礼法，自己的行为不必刻意考虑也不会越轨。于是所说的话即使天下皆知也不会有过失之处，所做的事即使传遍天下也不会遇到怨恨厌恶。衣饰、语言、行为这三点都能做到遵从先代圣明君王的礼法道德，然后才能守住自家的宗庙，祭祀祖先。这就是卿、大夫的孝道。《诗经》里说："要从早到晚勤勉不懈，尽心竭力地侍奉天子。"

### 【故事链接】

#### 行佣供母

东汉时期齐国临淄有一个叫江革的人，他少年丧父，全靠母亲辛劳操持养大。

江革深知母亲的艰难,感念母亲的恩德,对母亲十分孝顺。

当时四方豪强并起,战乱频繁,老家住不了了,江革带着母亲四方逃难。一路上,江革都背着母亲,艰难前行。哪怕脚底磨出了血泡,他也咬牙忍着。

中间有好几次,母子俩遇上盗匪,强盗想要杀人越货。江革跪地哭着哀求强盗,说自己死了不要紧,可是还有个年迈的老母亲,如果自己不在了,母亲就没人供养了。强盗看他这么孝顺,心里不忍,就放了他们母子。

孝经

后来,江革带着母亲逃难到了江苏下邳,靠给人打短工来养活母亲。他将一分一厘都省下来,自己吃糠咽菜,大冬天的还打着赤脚,而母亲只要有需要,他都想办法满足。

到了明帝时期,江革被地方上推举为孝廉,到章帝时又被推举为贤良方正,任五官中郎将。

25

## 士章第五

这一章讲士的孝。

士是周朝以来的一个贵族等级,位列贵族的最下层,士之下就是庶民百姓。士在贵族阶层中人数是最多的,他们有自己的专长,但是地位不够,不能独立实现自己的价值,必须依附于地位更高的贵族。作为一个士来说,做事只有诚心尽力,恭敬侍奉上级,全心侍奉国君,才能够保住自己的俸禄与爵位,保住自己的家业。

资①于事父以事母,而爱同;资于事父以事君,而敬同。故母取其爱,而君取其敬,兼之者父也②。故以孝事君则忠,以敬事长③则顺。忠顺不失④,以事其上,然后能保其禄位,而守其祭祀。盖士之孝也。《诗》云:"夙兴夜寐,无忝尔所生⑤。"

孝经

### 注释

①资:取。

②兼之者父也:指侍奉父亲,则兼有爱心和敬心。兼,同时具备。

③长:上级,长官。

④忠顺不失:指在忠诚与顺从两个方面都做到没有缺点、过失。

⑤"夙兴"二句:语出《诗经·小雅·小宛》。早起晚睡,不辱没生养你的父母。兴,起,起来。寐,睡。忝,辱。尔所生,生你的人,

指父母。

### 译 文

用侍奉父亲的态度去侍奉母亲，爱心是相同的；用侍奉父亲的态度去侍奉国君，尊敬之心也是相同的。所以侍奉母亲是用爱心，侍奉国君是用尊敬之心，两者兼而有之的是对待父亲。因此用孝道来侍奉国君就必能忠诚，用尊敬之道侍奉上级就必能顺从。能做到忠诚顺从地侍奉国君和上级，然后就能保住自己的俸禄和职位，并能守住自己对祖先的祭祀。这就是士人的孝道。《诗经》里说："要早起晚睡地努力工作，不辱没生养你的父母。"

### 故事链接

#### 长孙俭谨守孝道

长孙俭本名庆明，北周人，出生在河南一带。他从小就品性高洁、态度端正、不苟言笑，没有普通少年的那种张扬和浮夸。哪怕是在自己家里，他也稳重端庄，邻居亲戚逗引他，他也不失礼仪。他对父母十分恭敬顺从，对父母说话从不逾矩。

后来长孙俭入朝做官，曾经和群臣一起在周文帝身边陪侍，其他群臣皆不如他谨守自持。他的严谨风范深得周文帝的赞赏与敬佩，文帝对左右的人说："这位尊公举止沉静文雅，我每次和他说话，总会肃然起敬，生怕自己有所失态。"长孙俭则认为，自己是人臣，要谨守为臣之道，尽心竭力地侍奉君王，严守级别界限。

文帝非常欣赏他，甚至还给他赐名为俭，以表扬他高洁的操守。

那时北周刚刚收服了荆州地区,文帝命长孙俭前去统领。荆州地区在当时还属于化外之地,民风民智未开,年轻人目无尊长。长孙俭到了荆州,以身作则,辛勤劝导,在他的努力下,荆州地区的风貌大为改观。当地官吏和百姓都一起上书,为长孙俭建立清德楼,立碑赞颂他。

孝经

# 庶人章第六

庶人就是庶民，平民老百姓，在周朝是除了奴隶之外最低的阶层，同时也是最广大、最普通的群体。从上到下，社会中的每一个人都要谨守孝道，平民百姓也不例外。老百姓的孝道就是顺应天时、因地制宜、行为严谨、生活俭省，勤心奉养父母。

用天之道①，分地之利②，谨身节用，以养父母。此庶人之孝也。故自天子至于庶人，孝无终始③，而患不及者，未之有也④。

### 注释

①用天之道：按时令变化安排农事，即春生、夏长、秋收、冬藏。天之道，指春温、夏热、秋凉、冬寒的季节变化等自然规律。

②分地之利：应分别情况，因地制宜，种植适宜当地生长的农作物，以获取地利。

③孝无终始：指孝道的义理非常广大。从天子到庶人，不分尊卑，超乎时空，无终无始，永恒存在。不管什么人，在"行孝"这一点上都是一致的。

④未之有也：没有这样的事情。意思是"行孝"是人人都做得到的，不会做不到。

孝经

### 译文

利用天气变化的自然规律，分别土地的高下优劣，使之各尽所宜；行为谨慎，节约俭省，以此来孝养父母。这就是普通老百姓的孝道了。所以上至天子，下至普通老百姓，不论尊卑高下，孝道是无始无终，永恒存在的，有人担心自己不能做到孝，那是根本没有的事情。

### 故事链接

#### 望云思亲

唐朝著名的宰相狄仁杰是并州太原人,小时候家境贫寒,但是父母亲仍旧节衣缩食供他读书。狄仁杰也勤奋刻苦,日夜苦学不辍,终于考中明经科,走上了做官的道路。

狄仁杰为官清廉,体恤百姓,秉公执法,不畏权贵,深得百姓爱戴和满朝文武的尊崇。

狄仁杰在并州的时候,同僚官员郑崇质要出使边疆,可是临行前,母亲身患重病。郑崇质心中十分忧虑,不忍离开母亲身边。狄仁杰得知此事,便去就去求见并州长史蔺仁基,请求代替郑崇质出行。蔺仁基深受感动,另派他人前往边疆。

有一次,狄仁杰外出巡视,途中经过太行山。他登上高高的山顶,看着山间缭绕的云彩,想起了留在河阳(今河南沁阳)的父母亲,心中思念,对随从说:"我的亲人就住在白云底下。"徘徊叹息了很长时间,狄仁杰才依依不舍地离去,临走还流下了思念的泪水。

# 三才章第七

　　这一章,因曾子赞美孝道的博大精深,所以孔子就更进一步地给他说明孝道的本源。在孔子看来,孝道的本源是取法于天地,立为政教,以教化世人。孝道是"天之经""地之义""民之行",圣王之所以被万民景仰,是因为他们能以身作则,遵天地之道,顺人性人情,民众效法他的德行,自然就可以相亲相敬,和平相处。

　　曾子以为保全身体、善待父母,就算尽了孝道,自听了孔子前面所讲的五等孝道以后,不由得惊叹赞美孝道之博大精深。孔子听见曾子赞叹,知道曾子对于他所讲的五孝,已有领悟,所以进一步给他说明孝道的本源。可谓循循善诱是也。

曾子曰："甚哉，孝之大也！"子曰："夫孝，天之经①也，地之义②也，民之行③也。天地之经，而民是则④之。则天之明⑤，因地之利⑥，以顺天下⑦。是以其教不肃⑧而成，其政不严而治。先王见教⑨之可以化民⑩也，是故先之以博爱，而民莫遗其亲；陈之以德义，而民兴行。先之以敬让，而民不争⑪；导之以礼乐⑫，而民和睦；示之以好恶⑬，而民知禁。《诗》云：'赫赫师尹，民具尔瞻⑭。'"

### 注　释

①天之经：是说孝道是天之道。天空中日月、星辰，永远有规

律地照临人世。孝道也是如此,乃是永恒的道理,不可变易的规律。经,常,指永恒不变的道理和规律。

②地之义:是说孝道又如地之道。大地孕育万物,生生繁衍,为人类提供丰饶的物产,皆有合乎道理的法则。孝道也是如此,乃是必须遵从的义务,是生活的准则。义,指应当遵循的道理和原则。

③民之行:是说孝道是人最根本、最重要的品行。

④则:效法,作为准则。

⑤天之明:指天空中的日月、星辰。日月、星辰的运行更迭是有规律的、永恒的,这可以成为人民效法的典范。

⑥地之利:指大地滋生万物,供给丰饶的物产。

⑦以顺天下:这里是说圣王把天道、地道、人道"三才"融会贯通,用以治理天下,天下自然人心顺从。顺,理顺,治理好。

⑧肃:指严厉的统治手段。

⑨教:这里指合乎天地之道,合乎人性人情的教育。

⑩化民:指用教育的办法感化人民,使人民服从领导。

⑪不争:指不为获得利益、好处而争斗、争抢。

⑫礼乐:礼仪和音乐。儒家学者把"礼乐"作为治理天下、教化人民的重要工具。礼,指处理人际关系的准则及对社会行为的各种规范。乐,音乐。

⑬好恶:善与罪恶。好,善。恶,不良行为,罪恶。

⑭"赫赫"二句:语出《诗经·小雅·节南山》。意思是,声威显赫的太师尹氏,人们都仰望你。师,指太师,为周王朝的三公(太师、太傅、太保)之一,是最高行政长官。尹,尹氏。具,都。尔,你。瞻,仰望。

## 译 文

曾子说:"太伟大了!孝道是多么博大高深哪!"孔子说:"孝道犹如天上日月星辰的运行规律、地上万物自然生长的法则一样,乃是人类最为根本、首要的品行。天地有其自然法则,人类从其法则中领悟到实行孝道也是自身的法则而遵循它。效法上天那永恒不变的规律,利用大地自然四季中的优势,顺乎自然规律对天下民众施以政教。因此,其教化不须严厉施为就可成功,其政治不须严厉推行就能得以治理。从前的贤明君主看到通过教育可以感化民众,所以他带头实行博爱,于是人民没有敢遗弃父母双亲的;向人民陈述德义,人民就起来去遵行。他又率先以恭敬和谦让垂范于人民,于是人民就不争斗;用礼仪和音乐引导人民,人民就和睦相处;告诉人民什么是好的,什么是坏的,人民能够辨别好坏,就不会违犯禁令了。《诗经》中说:'威严而显赫的太师尹氏,人民都仰望着你。'"

## 故事链接

### 周文王泽被天下

周文王名叫姬昌,生于商朝末年,商纣王封他为西伯,统领西方诸侯国。

西伯勤于政事,礼贤下士,各方投奔来的贤士他都以礼相待,又重视发展农业生产,使得西方诸侯国逐渐强大兴盛起来。

西伯施行仁政,敬老爱幼,国泰民安,老幼妇孺都安定和乐,四方的其他小国家也都纷纷前来归顺。周边的虞国和芮国因为田地的事情争斗不休,双方都损失不少。西伯居中调停,解决了两国纷

孝经

争,这两个国家先后臣服于西伯。之后,河东小国纷纷来朝拜,将西伯看成是天帝授命的君王。

西伯的仁义在华夏大地广泛传播,他倡导笃仁、敬老、慈少、礼贤下士的社会风气,以德治民,太颠、闳夭、散宜生、鬻熊、辛甲等当代圣贤都纷纷前来投奔。

圣贤投奔西伯的事情越传越广,一直传到商朝王宫里,大臣崇侯虎向纣王进谗言,说西伯笼络人心,是要夺取天下。纣王一听就怒火冲天,他命人将西伯关起来,当囚犯对待。

西伯被关在狱里,百无聊赖,一笔一画地写下了《周易》,开创了"文王八卦"和"文王六十四卦",流传于世。

后来,西伯的儿子们想办法营救他,给纣王送去了珍宝美玉、宝马美女。纣王见了这些,两眼放光,连忙派人把西伯给放了,并赏给他弓、矢、斧、钺,授权他讨伐不听命的诸侯。

西伯出狱后想了很多,他觉得纣王这么荒淫残暴,天下大乱,百姓民不聊生,他得替天行道。他遍访贤能,壮大周国国力。西伯走到渭水边时,碰见了一个满头白发的老头,这老头正端坐河边,用直钩钓鱼。文王同老头聊了起来,越聊越投机。这个老头就是姜尚,也就是姜太公。西伯请姜尚与自己同车而回,到了宫中便立他为师,共同商讨灭商大计。

周国在西伯的治理下逐渐发展,已经占领了中原大部分地区,对商朝形成极大威胁。就在这万事俱备的时候,西伯突然过世,后来是西伯的儿子姬发带领天下民众征讨商纣王,灭了商朝,建立起周朝。

姬发也就是周武王,追封西伯为文王。文王虽然已经过世,但是他所倡导的仁政和礼仪一直影响着当世和后世人,成为后世的道德典范。

## 孝治章第八

　　这一章讲述天子的德行，天子能够普爱众人，将百姓当成自己的亲人一样关爱。不论是四方小国还是诸侯、士人，以至于普通百姓，都能一样敬重与爱戴。所以，他们也能赢得天下的爱戴。实际上，从古至今，君民关系一直都是帝王所关注的焦点，"水能载舟亦能覆舟"，赢得民心就赢了天下，失去民心就失了天下。所以天子要注意自己德行的修养，赢得天下百姓的心，百姓也就会全心协助天子，供养他们的双亲。

　　古人强调孝是世间秩序的基础，古代贤明的君王以孝道来治理天下，就能使"天下和平，灾害不生，祸乱不作"。孝道是人人都必须遵守的，上至君王下至黎民百姓。君王处处遵行孝道，就会使自己的国家在方方面面强大，自然就会赢得周边国家的仰慕和归顺。

子曰："昔者明王之以孝治天下也，不敢遗小国之臣①，而况于公、侯、伯、子、男②乎？故得万国③之欢心，以事其先王④。治国者⑤，不敢侮于鳏寡⑥，而况于士民乎？故得百姓之欢心，以事其先君⑦。治家者⑧，不敢失于臣妾⑨，而况于妻子乎？故得人之欢心，以事其亲⑩。夫然，故生则亲安之⑪，祭则鬼⑫享之，是以天下和平，灾害不生，祸乱不作。故明王之以孝治天下也如此⑬。《诗》云：'有觉德行，四国顺之⑭。'"

## 注　释

①小国之臣：指小国派来的使臣。小国之臣容易被疏忽怠慢，圣明的君王对他们都礼遇和关注，各国诸侯来朝见天子受到款待就毋庸赘言了。

②公、侯、伯、子、男：周朝分封诸侯的五等爵位。

③万国：指天下所有的诸侯国。万，极言其多，并非实数。

④先王：指"明王"，已去世的父祖。这是说各国诸侯都来参加祭祀先王的典礼，贡献祭品。

⑤治国者：指诸侯。

⑥鳏寡：《孟子·梁惠王下》："老而无妻曰鳏，老而无夫曰寡。"后代通常称丧妻者为鳏夫，丧夫者为寡妇。

⑦先君：指诸侯已故的父祖。这是说百姓们都来参加对先君的祭奠典礼。

⑧治家者：指卿、大夫。家，指卿、大夫受封的采邑。

⑨臣妾：指家内的奴隶，男性奴隶曰臣，女性奴隶曰妾。也泛指卑贱者。

⑩以事其亲：卿、大夫因为能得到妻子、儿女，乃至奴仆、妾婢的欢心，所以全家上下都协助他奉养双亲。

⑪生则亲安之：父母活着的时候，能够过安乐的生活。生，活着的时候。安，安乐，安宁，安心。

⑫鬼：指去世的父母的灵魂。

⑬如此：指"天下和平"等福祉。

⑭"有觉"二句：语出《诗经·大雅·抑》。意思是，天子有伟大

的德行，四方各国都顺从他的教化，服从他的统治。觉，大。四国，四方之国。

## 译　文

孔子说："从前，圣明的君王是以孝道治理天下的，即便是对极卑微的小国的使臣也不遗忘与疏忽，更何况是对公、侯、伯、子、男五等诸侯了。所以会得到各诸侯国臣民的欢心，使他们帮助祭祀先王。治理封国的诸侯，即使是对失去妻子的男人和丧夫守寡的女人也不敢欺侮，更何况对他属下的臣民百姓了。所以会得到老百姓的欢心，使他们帮助诸侯祭祀祖先。治理自己采邑的卿、大夫，即使是对臣仆婢妾也不失礼，更何况对其妻子、儿女了。所以会得到众人的欢心，使他们乐意帮助他侍奉其父母。只有这样，才会让父母双亲在世时安乐、祥和地生活，死后成为鬼神享受到后代的祭祀。因此也就能够使天下祥和太平，不发生自然灾害，不出现人为的祸乱。所以圣明的君王以孝道治理天下，就会出现上面所说的那些福祉。《诗经》中说：'天子有伟大的德行，四方的国家都会归顺他。'"

## 故事链接

### 成汤治天下

在远古的夏朝时期，黄河下游的商部落出了一个叫成汤的首领，他英明果敢，颇有英雄气魄。当时正好是夏桀在位，这个桀没有半分人君的样子，不理政事，只知道酒池肉林、肆意杀人，做尽了坏事。天下百姓深受其害，提起他就咬牙切齿。

商部落在成汤的带领下逐渐发展壮大,陆续灭掉临近的小国,称霸一时。

汤听说有个叫伊尹的人十分贤德,于是驾车前往拜访。驾车的是彭家的儿子,他问商汤:"您这是要去哪里?"汤说要去见伊尹。彭家的儿子很是不以为然:"伊尹不过是天底下一个普通老百姓罢了。您要是想见他,召他来就是了,这对他来说就是莫大的恩赐了。为什么还要亲自求见呢?"汤有些恼怒,说:"不是你说的那么一回事。要是现在有一种药,吃了它就能耳聪目明,那我肯定会高高兴兴地把这药吃下去。现在伊尹对于国家来说,就像是这种好药。可是你不想让我见伊尹,你这样的做法对国家和我都是非常不利的。"于是汤便叫彭家的儿子下去,不让他驾车了。

伊尹果真不同凡俗,他同汤分析天下大势,讲得头头是道。汤非常折服,立刻重用他。

中国传统文化教育读本

桀刚继位的时候,雄心勃勃,抱负远大,征战四方,攻无不克,战无不胜。在巨大的胜利面前,桀逐渐变得骄奢淫逸起来,宠幸嬖臣、暴虐无道,残酷压榨治下百姓和四方部落属国,天下人提起他都咬牙切齿,愤恨不已。夏朝的臣子因为劝谏,被杀的不少,夏朝摇摇欲坠。可是夏朝毕竟有多年的根基,军队实力很强。

伊尹说时机未到,不用着急,先发展自己的力量。又过了一年,民众实在不堪忍受,夏桀众叛亲离,伊尹和成汤决定大举进攻夏朝。

夏朝灭亡后,汤将桀流放到南巢,然后建立起商朝。成汤因此也被称作商汤。

商汤建国后,吸取夏朝灭亡的教训,作了《汤诰》,告诫臣下,并且以宽治民，厚待夏朝遗臣。商朝开始了蓬勃兴盛的发展。

　　商汤宅心仁厚，爱民如子，体恤百姓，天下人纷纷前来归附。有一次商汤外出，途经一处茂密的森林，看见一个农夫正在张网捕捉飞鸟，东南西北各有一张网。等网挂好之后，农夫便跪拜祷告，祈求天上地下四方的鸟兽全都钻进网中。

　　商汤见此情景，觉得实在太残忍，于是便命人撤掉三张网，只留下一张。而后商汤对农夫和随从说，对待鸟兽也要有仁德之心，不可捕尽杀绝，只能捕捉那些不听天命的。农夫深受感动，便照商汤的说法去做。

　　这件事逐渐流传开来，人们纷纷称赞汤是仁德君主。"网开三面"的故事也就一代一代传了下来。

## 圣治章第九

  圣治,指圣人之治,即圣人对天下的治理。强调"人之行,莫大于孝",即进一步强调以孝治天下的重要性。

  这一章,曾子听到孔子讲说贤明的君王以孝治天下而天下很容易实现和平以后,再问圣人之德中,有没有大于孝的?孔子因问而说明圣人以德治天下,没有比孝道更大的了。孝治主德,圣治主威,德威并重,方成圣治。孝德感人至深,圣人的德行,没有大过孝道的。

曾子曰："敢①问圣人之德，无以加于孝乎？"子曰："天地之性②，人为贵。人之行，莫大于孝。孝莫大于严父，严父莫大于配天③，则周公其人也④。昔者，周公郊祀后稷以配天⑤，宗祀文王于明堂，以配上帝⑥。是以四海之内，各以其职⑦来祭。夫圣人之德，又何以加于孝乎？故亲生之膝下⑧，以养父母日严⑨。圣人因严以教敬⑩，因亲以教爱。圣人之教，不肃而成，其政不严而治，其所因者本也。父子之道，天性也，君臣之义

孝经

也。父母生之，续⑪莫大焉。君亲临之，厚莫重焉⑫。故不爱其亲而爱他人者，谓之悖德⑬；不敬其亲而敬他人者，谓之悖礼。以顺则逆⑭，民无则焉⑮。不在于善，而皆在于凶德，虽得之，君子不贵也。君子则不然，言思可道，行思可乐，德义可尊，作事可法，容止可观，进退可度，以临其民。是以其民畏而爱之，则而象之⑯。故能成其德教，而行其政令。《诗》云：'淑人君子，其仪不忒⑰。'"

### 注释

①敢：谦词，有冒昧的意思。

②性：指性命，生灵，生物。

③配天：根据周代礼制，每年冬至要在国都郊外祭天，并附带祭祀父祖先辈，这就叫以父配天之礼。配，祭祀时在主要祭祀对象之外，附带祭祀其他对象，称为"配祀"或"配享"。

④则周公其人也：以父配天之礼，由周公始定。周公，姓姬，名旦，文王之子，武王之弟，成王之叔。

⑤郊祀后稷以配天：周公在制定郊祀礼仪时，规定了以始祖后稷配祀天帝。郊祀，古代帝王每年冬至时在国都郊外建圜丘作为祭坛，祭祀天帝。后稷，名弃，为周人始祖。

⑥宗祀文王于明堂，以配上帝：周公制礼，规定了在明堂聚宗族祭祀上帝，以亡父文王配祀。宗，宗族。文王，姓姬名昌，商时为西伯，行仁义，礼贤者，从而使国家逐渐强大，为日后武王灭商奠定了基础。明堂，古代帝王布政及举行祭祀、朝会、庆赏等典礼的地方。上帝，旧说在明堂中祭天，要按季节祭祀五方上帝，即东方青帝，南方炎帝，西方白帝，北方黑帝，中央黄帝。

⑦职：职位。这是说海内诸侯，各按职位，进贡财物特产，趋走服务，帮助完成祭祀典礼。

⑧故亲生之膝下：子女对父母的亲爱之心在幼年时期即自然天成。

⑨日严：日益尊敬。

⑩圣人因严以教敬：圣人从人的自然天性中的尊父之心为凭依，加以教育培养，使之升华为理性的"敬"。

⑪续：指继先传后。这是说父母生下儿子了，使儿子得以继承父母，如此连续不绝，这是人伦关系中最为重要的。

⑫君亲临之,厚莫重焉:父亲对儿子,具有国君与父亲的双重意义的身份,既有君王的尊严,又有为父的亲情;既有君臣之义,又有天性之恩,在人伦关系中,厚重莫过于此。

⑬悖德:违背常识的道理、道德。悖,违背,违反。

⑭以顺则逆:"以之顺天下则逆"的省略,意思是说,如果用"悖德"和"悖礼"来教化人民,治理人民,就会把一切都弄颠倒。

⑮民无则焉:人民无所适从,没有可以效法的。

⑯"是以"二句:所以民众敬畏君王的威严,爱戴君王的美德,以君王为楷模,仿效他。

⑰"淑人"二句:语出《诗经·曹风·鸤鸠》。意思是说善人君子,最讲礼仪,容貌举止,毫无差错。淑,美好,善良。仪,仪表,仪容。忒,差错。

### 译 文

曾子说:"我很冒昧地请问,圣人的德行中,没有比孝道更大的了吗?"孔子说:"天地万物之中,以人最为尊贵。人的行为,没有比孝道更为重大的了。在孝道之中,没有比敬重父亲更重要的了。敬重父亲,没有比在祭天的时候,将祖先配祀天帝更为重要的了,而只有周公能够做到这一点。当初,周公在郊外祭天的时候,把其始祖后稷配祀天帝,在明堂祭祀时,又把父亲文王配祀上帝。因为他这样做,所以全国各地诸侯能够恪尽职守,前来协助他的祭祀活动。可见圣人的德行,又有什么能超出孝道之上呢?因为子女对父母的敬爱,在年幼相依父母亲膝下时就产生了,待到逐渐长大成人,则一天比一天懂得了对父母的敬爱。圣人就是依据这种子女对父母尊敬的天性,教导人们对父母孝敬;又因为子女对父母天生的亲情,教导他们爱的道理。圣人的教化之所以不必严厉地推行就可以成功,圣人对国家的统治不必施以严厉粗暴的方式就可以治理好,是因为他们因循的是孝道这一天生自然的根本天性。父亲与儿子的亲情,是出于人类天生的本性,也体现了君王与臣属之间的义理关系。父母生下儿女以传宗接代,没有比这更为重要的了。父亲对于子女又犹如尊严的君王,其施恩于子女,没有比这样的恩情更厚重的了。所以那种不敬爱自己的父母却去敬爱别人的行为,叫作违背道德;不尊敬自己的父母而尊敬别人的行为,叫作违背礼法。不是顺应人心天理地敬爱父母,偏偏要逆天理而行,人民就无从效法了。不是在身行敬爱的善道上下工夫,相反凭借违背道德礼法的恶道施为,虽然能一时得志,却是为君子所鄙视的。君子的作为则不是这样,他们的言谈,必须考虑到要让人们所称道奉行;他们的作为,必须想到可以给人们带来欢乐;他们立德行义,可以得到人民的尊敬;他们的行为举止,可使人民得以效法;他们的容貌行止,皆合规矩,使人们无可挑剔;他们的一进一退,不越礼违法,成为人民的楷模。君子以这样的作为来治理国家,统治黎民百姓,所以民众敬畏而爱戴他们,并学习仿效他们的作为。所以君子能够成就其德治教化,顺利地推行其法规、命令。《诗经》中说:'善人君子,其容貌举止丝毫不差。'"

### 故事链接

#### 老莱子彩衣娱亲

春秋时,楚国有位名士隐居在荆门一带,名叫老莱子。这位老莱子对父母十分孝顺，嘘寒问暖，体贴备至。

老莱子自己已经年过七十，成日里只顾侍奉双亲，自己未曾婚娶。为了让父母过得开心，他还特地养了几只美丽的鸟儿，自己出门劳作的时候，就让鸟儿陪伴父母。回家之后，他会陪在父母身边，也逗引鸟儿发出动听的叫声，引来父母的欢笑。

可是老莱子自己都七十多了，别人家同龄的人大多都入土了，幸好他事亲至孝，所以父母依旧健康地活着。有一天，父母看着儿子的满头白发，禁不住叹气："连儿子都老成这样了，看来我们是命不久矣。"

老莱子希望父母开开心心过每一天，于是更加卖力地逗他们。为此，他还专门做了一套五色斑斓的衣服，走路时也学小孩子蹦蹦跳跳的，父母看到这样，果然乐开了怀。

有一次，他给父母取喝的，不小心在院子里摔了一跤。因为害怕父母担心伤痛，他故意像小孩子那样号啕大哭起来，边哭边在地上打滚。父母还以为他又在玩新的花样逗自己开心，于是笑呵呵地说："这样真好玩儿，老莱子，你快起来吧。"老莱子才站起来，又悉心侍奉父母。

# 纪孝行章第十

纪孝行,即孝子在实行孝行时应当注意的具体事项。在这一章里,孔子告诉曾参作为一个孝子,平日的孝行,有五项是对父母当行的,有三项是对父母以外的人当行的。

五项对父母当行的是:第一,在闲居无事的时候,尽其敬谨之心;第二,在奉养的时候,尽和乐之心,和颜悦色地与父母相处;第三,父母有病时,要尽忧虑之情,延医奉汤,小心服侍;第四,父母不幸病故时,要尽哀戚之情,好好安葬;第五,祭祀先人,要尽思慕之心,庄严肃穆。

三项对父母之外的人当行的是:第一,"居上不骄",就是官位较高的人,应当庄敬以待其部属,而没有丝毫骄傲自大之气;第二,"为下不乱",就是为人部属的小职员,就应当恭敬以事其长官,而没有丝毫悖乱不法的行为;第三,"在丑不争",就是在鄙俗的群众当中,要和平相处,不和他们争斗。

孝子在侍奉双亲时,一定要注意这些具体事项,这比单纯让父母吃饱吃好更为重要。此处强调孝子的道德与品行方面的表现,反映了儒家对思想精神的重视。

孝经

子曰："孝子之事亲也，居则致其敬①，养则致其乐②，病则致其忧③，丧④则致其哀，祭则致其严⑤，五者备矣，然后能事亲。事亲者，居上不骄，为下不乱，在丑不争。居上而骄则亡，为下而乱则刑，在丑而争则兵⑥。三者不除，虽日用三牲⑦之养，犹为不孝也⑧。"

孝经

### 注释

①居则致其敬：日常家居，要充分表达出对父母的恭敬。居，平日家居。致，尽。

②养则致其乐：供养父母，要和颜悦色。养，奉养，赡养。乐，欢乐。

③致其忧：充分地表现出忧伤焦虑的心情。

④丧：指父母去世，办理丧事的时候。

⑤祭则致其严：祭祀时要充分表现出敬仰肃穆。

⑥在丑而争则兵：地位卑贱者争斗不休，就会动用兵器，相互残杀。在丑，指处于低贱地位的人。丑，众，卑贱之人。兵，这里用

作动词,动用兵器,指动手相残。

⑦三牲:牛、羊、豕(猪)。旧俗一牛、一羊、一豕称为"太牢",是最高等级的宴会或祭祀的标准。这里是说每天杀牛、羊、豕三牲来奉养父母,这是极而言之的说法。

⑧犹为不孝也:如果不能去除前面所说的"居上而骄""为下而乱""在丑而争"这三种行为,那么就将造成生命危险,使父母忧虑担心,因此,这样的人就不能算作孝子。

### 译 文

孔子说:"孝子对父母的侍奉,日常家居,要充分地表达出对父母的恭敬;奉养饮食,要保持和悦愉快的心情去服侍;父母生病时,要带着忧虑的心情去照料;父母去世了,要竭尽悲哀之情料理后事;对先人的祭祀,要严肃对待,礼法不乱。这五方面做得完备周到了,方可称为对父母尽到了子女的责任。侍奉父母,要身居高位而不骄傲蛮横;为人臣下而不为非作乱;地位卑贱而不与人争斗。身居高位而骄傲自大者势必要招致灭亡,为人臣下而为非作乱者免不了遭受刑罚,地位卑贱而争斗不休就会动用兵器引起相互残杀。这骄、乱、争三种行为不能去除,即使对父母天天用牛、羊、猪三牲的美味佳肴尽心奉养,也还是不孝之人。"

### 故事链接

#### 尝粪忧心

南朝齐国时期的庾黔娄,字子贞,新野人。庾黔娄的母亲早逝,留下父子两人相依为命。虽然家境贫寒,但庾黔娄刻苦求学,考取了功名。庾黔娄先在北齐担任编政令,由于政绩可嘉,被提拔为孱县县令。可上任不到十天,忽然感到一阵心惊肉跳,冷汗直流,他心想:父子连心,莫不是家里发生什么事了?

　　庾黔娄当天辞官回到家里。此时,父亲正处于弥留之际。庾黔娄悄悄向医者询问父亲的病情。医者说:"现在还不能确定你父亲的病况,但有一个较好的测试办法,就是尝尝他的粪便,如果是苦味,说明他病情好转。"庾黔娄生性孝顺,为了弄明白父亲的病情,他不怕脏,开口尝了父亲的粪便。可是,庾黔娄发现父亲粪便的味道有点甜滑,并不苦涩。想到医者的话,他知道父亲将不久于人世了,心里十分悲苦。深夜,他一个人悄悄跑到后院里,面对北斗星,流着泪跪下,默默祷告上苍,情愿用自己的生命换取父亲的生命。几天后,父亲悄然离开了人世。庾黔娄安葬了父亲,并为老人家守孝三年。

孝经

|五刑章第十一|

　　这一章,孔子紧承上一章所说的道理,再告诉曾参:五刑之罪,莫大于不孝。不孝的表现主要有三种:目无君上,目无法纪,目无父母。这三种不孝之人,就和禽兽一样。以禽兽之行,横行于天下,天下还能不大乱吗?因此他们是造成天下大乱的根源。用五种刑罚以纠正不孝之人,自然民皆畏威,走上孝行的正道。

子曰:"五刑之属三千①,而罪莫大于不孝②。要君者无上③,非圣人者无法④,非孝者无亲⑤。此大乱之道⑥也。"

### 注 释

①五刑之属三千:应当处以五种刑罚的罪有三千条。五刑,指墨、劓、刖、宫、大辟五种刑罚,见《尚书·吕刑》。墨,在额上刺字后,涂上墨色的刑罚;劓,割掉鼻子的刑罚;刖,砍断脚的刑罚,也称"刖";宫,破坏生殖器官的刑罚;大辟,死刑。

②罪莫大于不孝:在应当处以五种刑罚的三千条罪行中,最严重的罪行是不孝。

③要君者无上:以暴力威胁君王的人,叫作目无君上。要,以暴力要挟、威胁。无上,目无君上,即反对或欺凌君上。

④非圣者无法:责难反对圣人的人,叫作目无法纪。非,责难,反对。无法,藐视法纪,目无法纪,即反对或破坏法纪。

⑤无亲:藐视父母,目无父母。

⑥大乱之道:大乱的根源。道,原由,根源。

### 译 文

孔子说:"五刑所属的犯罪条例有三千之多,其中没有比不孝的罪过更大的了。用武力胁迫君王的人,叫目无君上;责难反对圣人的人,叫目无法纪;对行孝有非议、不恭敬的人,叫目无父母。这三种人的行径,乃是天下大乱的根源所在。"

### 故事链接

#### 舜孝感动天

传说上古时候贤明的君王舜,从小就是个孝顺的孩子。舜的母亲很早过世,盲父瞽叟就又娶了一个老婆,生下一个儿子。

舜的继母和异母弟弟象非常憎恨舜,就连他父亲也非常讨厌他,极力想置他于死地。

瞽叟命令舜去修补谷仓的仓顶,舜爬到仓顶后,瞽叟和象就在谷仓下放火。眼见得火势熊熊,瞬间就要把舜给吞没了。舜拿着两个斗笠滑下谷仓,顺利逃了出来。

一计不成,他们又生一计。瞽叟说家里没有水井,吃水不方便,命令舜打一口井。舜于是挥动锄头挖井,舜在底下挖土,瞽叟与象就在上面用锨铲土填井。舜险些被活埋,后来是挖了条地道才得以逃脱。

虽然父亲、继母和弟弟几次三番加害,舜都侥幸逃脱了。瞽叟、象和继母心中越发嫉恨,生怕舜找他们报仇。可是舜却还像先前一样恭敬对待父亲和继母,始终关爱弟弟象。

舜的孝行为众人所称道,他的孝行和能干的事迹传扬开来,一直传到了当时的帝王尧的耳中。尧德高望重,为人俭朴,胸怀天下,得到人民的广泛爱戴。尧此时年事已高,虽然生了九个儿子,但他觉得儿子们都能力不足,于是四方物色,想找个德才兼备的人来继承自己的位置。听说舜这么孝顺，又十分能干，尧于是将舜召来，把自己的两个女儿娥皇和女英都嫁给他，又让他同自己的儿子们一起生活。

舜同娥皇、女英相处得很好，又带领她们的兄弟辛勤劳作，开山造田，生活过得十分富足。尧同四方诸侯首领见舜如此能干又谦逊，便一致推举舜为诸侯首领，继承尧的位置。

舜即位之后，去探望父亲瞽叟，瞽叟吓得战战兢兢，不敢直立。可是舜依旧恭恭敬敬地对待他。象听说舜回来，吓得躲了起来。舜找到了象，并封他为诸侯。

舜还像先前那样孝顺父亲与继母，关爱弟弟，以仁德宽厚之心感化他们。父亲、继母和弟弟起初十分忐忑，以为舜是装模作样，后来发现舜是真心不计前嫌，这才醒悟过来，羞愧万分。于是一家人和好如初，其乐融融。

古代的君王就是这样严格遵循孝道，用自己的孝顺与仁爱之心感化家人和百姓，所以才能天下大治。

# 广要道章第十二

　　这一章围绕第一章中的"先王有至德要道"的"要道"一词,推广、阐发"要道"二字的义理,即进一步讲述为什么说"孝道"是至为重要的道德,使天下后世君王,知晓要道的法则可贵,以及实行以后有多大的效果。这是儒家强调礼乐与孝道的教化作用的一贯思想。

　　孔子告诉曾参,治国平天下的大道,应以教化为先。孝、悌、乐、礼四项,都是教化民众的最好方法。四者的核心,是一个"敬"字,因此,如果一个君王能做"敬"的表率,那么上下一团和气,大家都很高兴。所敬者少,而影响深远,这就是礼敬作为"要道"的理由。

子曰："教民亲爱，莫善于孝①。教民礼顺，莫善于悌②。移风易俗③，莫善于乐④。安上治民，莫善于礼⑤。礼者，敬而已矣。故敬其父，则子悦；敬其兄，则弟悦；敬其君，则臣悦；敬一人⑥，而千万人⑦悦。所敬者寡，而悦者众。此之谓要道矣。"

孝经

### 注释

①"教民亲爱"二句：教育人民互相亲近友爱，没有比倡导孝道更好的了。孔子认为，孝道就是热爱自己的双亲，由此推及热爱别人的双亲，人民之间就能亲爱和睦。

②"教民礼顺"二句：教育人民礼貌和顺，没有比倡导服从自己的兄长更好的了。悌，就是敬重并服从自己的兄长，由此推及敬重并服从所有的长辈，人民之间就能有礼、讲理。

③移风易俗：改变旧的、不良的风俗习惯，树立新的、合乎礼教的风俗习惯。

④莫善于乐：儒家学者认为，音乐生于人情人性，通于伦理道德，因此，君王可以利用音乐，转移风气，引导人民接受新的风俗习惯。

⑤莫善于礼：儒家学者认为，礼的作用是"正君臣父子之别，明男女长幼之序"，即维护社会固有的秩序和等级制度。

⑥一人：指父、兄、君，即受敬之人。

⑦千万人：指子、弟、臣。千万，只是举其大数而已。

## 译　文

孔子说："教育人民互相亲近友爱，没有比倡导孝道更好的了。教育人民礼貌和顺，没有比服从自己的兄长更好的了。转移风气、改变旧的习惯、制度，没有比用音乐教化更好的了。要使君主安心、人民驯服，没有比施行礼教更好的了。所谓礼教，也就是敬爱而已。所以尊敬他的父亲，其儿子就会喜悦；尊敬他的兄长，其弟弟就会愉快；尊敬他的君王，其臣子就会高兴；敬爱一个人，却能使千万人高兴愉快。所尊敬的对象虽然只是少数，但为之喜悦的人却有千千万万。这就是孝道作为要道的意义所在呀。"

## 故事链接

### 弃官寻母

宋朝时期的朱寿昌，字康叔，扬州天长（今安徽天长市）人。朱寿昌是当时很有名的孝子。他的生母刘氏，原来是他父亲的小妾，正妻妒忌她有了男孩儿，设了一个计谋将她赶出了朱家，当时朱寿昌只有七岁。

自母亲离家后,母子二人天各一方,毫无音讯,寿昌整日思念,常常在夜间哭醒,为官后,仍无时无刻不在思念母亲,每到一地为官,他都要四处查问老人家的踪迹。可是人海茫茫,要找一个人谈何容易。为了找到母亲,他吃饭时从不摆酒肉,每次与别人谈及母亲时,他都泪如雨下。宋神宗当朝的时候,朱寿昌已五十多岁,他当时再也没有心思做官了,决定辞官寻找母亲。临行前,他告知家人自己的决定,发誓说:"找不到母亲,我今生今世绝不回家!"这一次,他将寻母的重点放在秦地(今陕西),因为他记得母亲离家时,父亲正在秦地做官。后来,历尽千辛万苦的他,终于在同州(今陕西大荔县)找到了已经七十多岁的老母亲,并把老人家接到家里奉养。

孝经

| 广至德章第十三 |

  这一章围绕第一章中的"先王有至德要道"的"至德"一词,进一步推广、阐发"至德"二字的义理,即进一步讲述为什么说"孝道"是最为高尚的道德的理由,讲君王能够以身作则行孝道,为天下人做表率,从而使天下为人子、人臣者知道孝悌父兄、尊敬君王。

  孔子为曾子特别指出执掌政权的君子,教民行孝道,并非是亲自到人家家里去教,也并非日日见面去教,这里有一个根本的原则,就是要以身作则,为天下人做表率。

子曰:"君子之教以孝也,非家至而日见之①也。教以孝,所以敬天下之为人父者也。教以悌,所以敬天下之为人兄者也②。教以臣,所以敬天下之为人君者也③。《诗》云:'恺悌君子,民之父母④。'非至德,其孰⑤能顺民,如此其大者乎?"

孝经

### 注 释

①非家至而日见之:不是挨家挨户都走到,天天当面去教人行孝。家至,到家,即挨家挨户地走到。日见之,天天见面,指当面教人行孝。

②"教以孝"二句:指君子以身作则行孝悌之道,为天下做人子的做了表率,使他们都知道敬重父兄。

③"教以臣"二句:指天子通过祭祀行礼,做出尊敬君长、当好人臣的榜样。

④"恺悌"二句:语出《诗经·大雅·泂酌》。意思是说和乐平

易的君子,是人民的父母。据说原诗是西周召康公为劝勉成王而作。恺悌,和乐安详,平易近人。

⑤孰:谁?

## 译 文

孔子说:"君子教人行孝道,并不是挨家挨户去推行,也不是天天当面去教导。君子教人行孝道,是让天下做父亲的人都能得到尊敬。教人敬爱兄长之道,是让天下做兄长的人都能受到尊敬。教人以为臣之道,是让天下做君王的都能受到尊敬。《诗经》里说:'和乐平易的君子,是民众的父母。'不是具有至高无上的德行的人,还有谁能够使天下民众顺从,而创造如此伟大的事业呢!"

## 故事链接

### 闻雷泣墓

魏晋时期的王裒,营陵(今山东昌乐东南)人。王裒从小便懂得敬重、孝顺父母。他的父亲王仪因正直敢言,被骄横跋扈的晋王司马昭杀害。

小王裒在母亲的抚育下渐渐长大,他将全部的爱心和孝心都放到了母亲身上。除了亲自照料母亲的饮食起居,他还常陪她说话,逗她开心,以解除老人精神上的孤独和凄苦。母亲病了,他日夜侍候在床前,衣不解带地喂汤喂药。母亲天生胆子小,她非常害怕打雷。每当下雨打雷的时候,王裒便将门窗关得严严实实的,拉着母亲的手,给她壮胆。

又过了很多年,王裒的母亲因久病不治,溘然长逝。他悲痛万分,将母亲埋在一处僻静的地方,虔诚恭敬地守丧尽孝,每天早晚都到墓前祭奠。他惦记着母亲害怕打雷,每当刮风下雨的天气,一听到轰隆隆的雷声,便狂奔到母亲的墓地,跪拜着哭道:"儿子王裒又来陪您了,母亲您千万别怕!"王裒对母亲的感情可谓至深至厚,他在教书时,每当读到《蓼莪》篇,就常常泪流满面,思念自己的母亲。

孝经

# 广扬名章第十四

  这一章推广、阐发第一章"立身行道,扬名于后世"所说的"扬名"的义理,即进一步讲述行孝和扬名的关系,强调"移孝作忠"的理论。儒家认为,"扬名于后世"是"孝之终",是完满、理想的孝行。而要在社会上扬名立万、光宗耀祖,只有与忠君紧密联系才可能实现。

  在这一章里,孔子把移孝作忠、扬名显亲的办法具体地提出来告诉曾子。孔子说:君子能孝亲,必具爱敬之诚,以爱敬之诚,移作事君,必能忠于事君。他能敬兄,必具和悦态度,以和悦态度移于事长,必能顺于长官。居家过日子,能将家事处理得有条有理,他的办事本领一定很强,如移作处理公务,必能办得头头是道。所以说:一个人养成了孝、悌、善治家三种美好品德,能成功于家庭之内,这样由内到外,替国家办事,不但做官的声誉显耀于一时,而且忠孝之名将永远流传于后世。

子曰:"君子之事亲孝,故忠可移于君①;事兄悌,故顺可移于长②;居家理,故治可移于官③。是以行④成于内⑤,而名立于后世⑥矣。"

### 注　释

①"君子"二句:君子侍奉父母能尽孝道,所以能把对父母的孝心移作对国君的忠心。这是儒家学者"移孝作忠"的理论。

②"事兄"二句:侍奉兄长能敬爱,所以能把这种敬爱之心移作对年长者或上司的敬爱。

③"居家"二句:家务、家政管理得好,就能把管理家政的经验移于做官,管理好国政。

④行:指孝、悌、善于理家这三种优良的品行。

⑤内:家内。

⑥名立于后世:由于在家内养成了美好的品德,在外必能成为忠臣,成为驯顺可靠的部下,成为善于治理一方的行政官员,因而,就能扬名于后世。立,树立,这里指扬名。

### 译　文

孔子说:"君子侍奉父母能尽孝,所以能把对父母的孝心移作对国君的忠心;侍奉兄长能敬爱,所以能把这种敬爱之心移作对长

孝经

辈或上司的敬爱；在家里能处理好家务，所以能把理家的经验移于做官治理国家。因此，能够在家里尽孝悌之道、管理好家政的人，其名声也就会显扬于后世了。"

### 故事链接

#### 卧冰求鲤

西晋时期的王祥，字休征，琅野人。王祥生母早丧，继母朱氏多次在他父亲面前说他的坏话，使他失去父爱。然而，王祥生性至孝，心地善良，他对父母的偏心和不公从无一句怨言。他常想：不管怎样，一家人都应该亲亲密密、和和睦睦才对。因此，无论父母怎么对他，他待父母仍一如既往地恭敬孝顺，精心侍候。

一年冬天，父亲和继母相继病倒，病中的朱氏突然想吃鲜鱼。时值隆冬，天寒地冻，河面早已结了厚厚的冰，到哪儿去弄鲜鱼呢？王祥为了让继母满足，他不顾寒冷，毅然来到河边，脱去外衣，躺倒在冰上，用自己的血肉之躯去融化那坚硬厚实的冰块。他身下的冰渐渐融化了，他已被冻得麻木不堪。这时，只听"哗啦"一声，奇迹出现了：王祥身下的冰碎了，冰面出现了一条很大的裂缝。随即"扑棱棱"地从水里蹦出两条活蹦乱跳的鲤鱼。王祥捉住鲤鱼，心里高兴极了！他赶紧披上衣服，跑回家里，顾不得暖一下手脚，便给继母做了一顿鲜美可口的鲤鱼汤。王祥的举动，很快在十里八村传开了，人们都称赞王祥是人间少有的孝子。

# 谏诤章第十五

　　谏诤，是指对尊者、长者或友人进行规劝。这一章叙述遇到君父有失误时，臣子应当谏诤的道理。本章提出"当不义则争之"的原则，而非一味地愚忠愚孝，体现了其进步因素。可惜的是，当封建专制制度确立后，"当不义则争之"的进步原则便不再真正去实行了，取而代之的是"君要臣死，臣不得不死；父要子亡，子不敢不亡""天下无不是之父母"之类的说教。

　　回到本章看，这一章是讲为臣子的，不可不谏诤君亲。君亲有了过失，为臣子的就应当力行谏诤，以免陷君亲于不义。曾子因孔子讲过的各种孝道中，就是没有讲到父亲有过，应该怎样办的，所以问："如果为人子的做到不违背父亲的命令，一切听从父亲的命令，是不是可以算为孝子呢？"孔子因曾子之问，特别发挥谏诤的重要性，加以解释。孔子说，父亲的命令，不但不能随便听从，而且还要斟酌其命令是否可行，就像天子、诸侯、大夫、士等人一样，身边一定要有敢于谏诤的人，时进忠言，勇于匡救其过失。做父亲的，有敢于直言劝谏的儿子，就不会陷于不义之中。如果为人子的，不管父亲的命令是否合适，一味听从，那就可能会陷父亲于不义，他怎么还能算是个孝子呢？

曾子曰："若夫①慈爱②、恭敬、安亲、扬名，则闻命矣。敢问子从父之令，可谓孝乎？"子曰："是何言与③！是何言与！昔者，天子有争臣七人④，虽无道，不失其天下；诸侯有争臣五人，虽无道，不失其国；大夫有争臣三人，虽无道，不失其家；士有争友，则身不离于令名⑤；父有争子，则身不陷于不义。故当不义，则子不可以不争于父；臣不可以不争于君；故当不义则争之。从父之令，又焉得为孝乎！"

孝经

### 注　释

①若夫：句首语气词，用于引起下文。

②慈爱：指爱亲。慈，通常指上对下之爱，但也可指下对上之爱。

③与：同"欤"，句末语气词，表感叹或疑问语气。

④天子有争臣七人：天子有几个敢于直言规劝的臣子。争臣，敢于直言规劝的臣僚。此处的七及以下的数字五、三都不是确数，自上而下，举数不一，以示区别而已。

⑤令名：好名声。令，善，美好。

### 译　文

曾子说："像慈爱、恭敬、安亲、扬名这些孝道，已经听过了老师的教诲，我想再冒昧地问一下，做儿子的能够遵从父亲的命令，就可称得上是孝顺了吗？"孔子说："这是什么话呢！这是什么话呢！从前，天子身边有直言相谏的诤臣，即使天子是个无道昏君，他也不会失去天下；诸侯有直言谏诤的诤臣，即使自己无道，也不会失去他的诸侯国地盘；大夫有直言劝谏的臣属，即使他是个无道之臣，也不会失去自己的封邑；士有直言劝谏的朋友，自己的美好名声就不会丧失；做父亲的有敢于直言劝谏的儿子，就不会陷于不义之中。因此在遇到不义之事时，如系父亲所为，做儿子的不可以不劝谏力阻；如系君王所为，做臣子的不可以不直言谏诤。所以对于不义之事，一定要谏诤劝阻。如果只是遵从父亲的命令，又怎么称得上是孝顺呢？"

**故事链接**

### 涤亲溺器

宋朝时期的黄庭坚(1045～1105年),字鲁直,号山谷道人,洪州分宁(今江西修水县)人。黄庭坚从小聪明颖慧,读书过目不忘。一天,他的舅舅李常在书架上随便抽出一本书,向他提问,黄庭坚对答如流。李常十分惊奇,称赞他的学业真是"一日千里"。英宗治平年间,他考中进士,神宗时,任国子监教授。黄庭坚在文学上成就颇高,与张耒、晁补之、秦观同为"苏门四学士"。诗文与苏轼齐名。黄庭坚为官刚正不阿,官至知州、吏部员外郎等职。

黄庭坚家有老母,他侍奉母亲始终尽心竭力、极尽诚挚。按理说,黄府侍婢众多,料理老母亲的生活自是不用他亲自动手。但是,每天下朝后,黄庭坚都先探望母亲,亲自侍茶奉水。最难得的是每天晚上他都要亲自为母亲刷洗便盆,从不吩咐他人,而且春夏秋冬从未间断过。有同朝为官的人对他说:"你做了大官,洗刷便盆之类的事就让婢女去做吧,何必自己动手?"黄庭坚说:"职位再高,也要讲孝道。侍奉母亲,是每个做儿子的职责所在!"

## 感应章第十六

　　感应，即互相影响，交感相应。这一章讲明孝悌之道，不但可以感动人，而且可以感动天地神明。神明受到感动而降下福祉来保佑孝子。中国古代哲学认为天人合一，故以天为父，以地为母。人为父母所生，即天地所生，所以说有感即有应，以证明孝悌之道无所不通。

　　孔子认为上古的圣明之君，父天母地，以孝感通神明。孝悌之道，如果做到了极致，就可以与天地鬼神相通，天人成为一体，互为感应，德教自然光显于四境之外，远近幽明，无所不通。照这样去治理天下，自然"民用和睦，上下无怨"了。

子曰："昔者，明王事父孝，故事天明①；事母孝，故事地察②；长幼顺，故上下治。天地明察，神明彰矣③。故虽天子，必有尊也，言有父也④；必有先也，言有兄也⑤。宗庙致敬，不忘亲也。修身慎行，恐辱先也。宗庙致敬，鬼神著⑥矣。孝悌之至，通于神明，光⑦于四海，无所不通。《诗》云：'自西自东，自南自北，无思不服⑧。'"

孝经

### 注释

①"明王"二句：贤明的帝王侍奉父亲很孝顺，所以在祭祀天帝时能够明白上天庇护万物的道理。

②"事母孝"二句：贤明的帝王侍奉母亲很孝顺，所以在祭祀地神时能够明察大地孕育万物的道理。

③"天地"二句：贤明的帝王能明察天之道，明晓地之理，以侍奉父母的孝顺侍奉天地，天地之神也就能明察贤明的帝王的孝心，充分地显现神通，降下福祉。

④"故虽"三句：天子虽然地位尊贵，但是必定还有尊贵于他的人，那就是他的父辈。

⑤"必有"二句：天子必然还有长于他的人，那就是他的兄长。

⑥著：昭著之意，指神灵显著彰明。

⑦光：同"横"，充满，塞满。

⑧"自西"三句：语出《诗经·大雅·文王有声》。意思是天下四方，无有不服。原诗歌颂周文王和周武王显赫的武功。思，语气词。

### 译 文

孔子说："从前，贤明的帝王侍奉父亲很孝顺，所以在祭祀天帝时能够明白上天庇护万物的道理；侍奉母亲很孝顺，所以在祭祀地神时能够明察大地孕育万物的道理；理顺处理好长幼秩序，所以对上下各层也就能够治理好。能够明察天地孕育万物的道理，神明感应其诚，就会显现神灵、降下福祉。所以虽然尊贵为天子，也必然有他所尊敬的人，这就是指他有父辈；必然有先他出生的人，这就是指他有兄长。到宗庙里祭祀致以恭敬之意，是没有忘记自己的亲人。修身养性，谨慎行事，是因为恐怕自己有过失而使先人蒙受侮辱。到宗庙祭祀表达敬意，神明就会出来享受供奉，显灵赐福。对父母兄长孝敬顺从达到了极致，即可以通达于神明，光照天下，任何地方都可以感应相通。《诗经》中说：'从西到东，从南到北,没有人不肯归顺服从的。'"

> **故事链接**

### 两样食物一般孝心

东汉汝南安阳(今属河南)有一个叫蔡顺的人,他幼年丧父,寡母辛苦把他拉扯大。他感念母亲的恩德,一直对母亲十分恭敬孝顺。当时的太守召他出仕,他没有就职,后来地方上又推举他为孝廉,他考虑到出去做官没法全力侍奉母亲,于是辞官回家了。

后来赶上王莽作乱,建立新朝,天下大乱,连年饥荒,饿死的人不计其数。柴贵米贵,蔡顺家也揭不开锅了,他不得不摘桑葚回来充饥。

有一天,蔡顺正在摘桑葚时遇上了赤眉军。赤眉军的领袖厉声责问他:"你为什么带着两个篮子,一个装着黑色的桑葚,一个装着红色的桑葚?"蔡顺回答说:"黑色的桑葚熟透了,十分香甜,是供老母食用的,红色的桑葚比较酸,是留给我自己吃的。"赤眉军听到这话,感念他的孝心,都十分动容,当即送给他三斗白米、一头牛,带回去供奉他的母亲。

后世明朝江苏无锡一带有一个叫夏诚明的人,家中贫困,一家人过着清苦的日子。刚好赶上荒年,一家人累死累活还挣不够口粮,夏诚明只好上外地打工,挣回工钱来养家。

壮劳力出了门,妻子王氏独自操持全家,上有年迈的公婆,下有嗷嗷待哺的幼儿。王氏日夜不停地纺纱织布贴补家用,可是依旧入不敷出。王氏于是每天做两种饭菜,给公婆备好饭菜,让公婆和孩子吃,自己总是推说吃过了或者是待会儿再吃,从来不上桌。

孝经

公婆心生疑惑,觉得每天吃的粗茶淡饭连半点儿油星都见不到,会不会是儿媳妇将儿子寄回来的工钱都藏起来了?

有一天,婆婆趁王氏收拾碗筷的时候进了厨房,看到王氏正偷偷地吃东西。婆婆以为这下可逮到儿媳妇吃独食了,逼着儿媳妇把手里藏着的东西拿出来。王氏无奈,只得松开手,手心里只有一个野菜加糟糠揉成的硬邦邦的团子。婆婆见此情景,忍不住流下泪来。

后来王氏活到了八十多岁,没有病痛,在睡梦中安静地过世了。她过世那天晚上,家里人梦见敲锣打鼓的队伍把王氏迎接走了。

王氏的至孝名声为乡里人所称颂,乡里有一位贡生,每次从王家经过,必定在门外敬礼三次,方才恭敬走开。

## 事君章第十七

君,即君主。这一章是讲孝子在朝廷侍奉君主时应有的表现。

围绕第一章中的"夫孝,始于事亲,中于事君"的"事君"来进一步阐发。

孔子说事君的原则为"进思尽忠,退思补过",总之要殚精竭虑,一心为朝廷考虑,为君主分忧。这样才能君臣同德,上下一心,君享其安乐,臣获得尊荣,上下相亲相爱。

有人认为《孝经》论孝,核心却是以孝劝忠,以孝治天下。也有学者批判《孝经》乃是"变相《忠经》",其实是很有道理的。有这样一个小故事,可以帮助大家理解这一点:《三国志》记载,孙权让严畯背小时候念过的书,严畯背起《孝经》"仲尼居(《孝经》开宗明义章第一内容)"来,张昭骂他是"鄙生(乡野儒生)",说道:"臣请为陛下诵之。"他诵的是"君子之事上(本章内容)"。结果,在场的大臣们"咸以昭为知所诵(都认为张昭明白该背诵什么)",可见《孝经》的事君思想深入人心。

子曰："君子之事上也，进①思尽忠，退②思补过，将顺其美③，匡救其恶，故上下能相亲也④。

《诗》云：'心乎爱矣，遐不谓矣。中心藏之，何日忘之⑤？'"

## 注释

①进：上朝见君。

②退：下朝回家。

③将顺其美：君王的政令、政教是正确、美好的，那么就顺从地去执行。将，执行，实行。

④上下能相亲也：概括而言，臣能效忠于君，君能以礼待臣，君臣同心同德，就能相亲相爱。

⑤"心乎"四句：语出《诗经·小雅·隰桑》。意思是，尽管心中热爱他，却因相隔太远，无法告诉他。只好把这份热爱之情藏在心里，不论何时都不会忘记。原诗相传是一首人民怀念有德行的君子的作品。遐，远。

## 译文

孔子说："君子侍奉君王，在朝廷的时候，要想着如何竭尽其忠心为君王谋划；下朝居家的时候，要想着如何补救君王的过失。对

孝经

于君王的正确的政令,要顺应执行;对于君王的过失缺点,要匡正补救,所以君臣关系才能够相互亲敬。《诗经》说:'心中充溢着爱与敬的情怀,无论多么遥远,这片真诚的爱心永久藏在心中,从不会有忘记的那一天。'"

## 故事链接

### 郑濂碎梨

明朝有一个大官叫作郑濂,这个人为官清正廉洁,与同朝官员关系都不错,颇受当时人们的好评。

郑濂出身于一个大家族,家里七代同堂。郑家住着一个大宅院,院门上旌表着"天下第一家"五个字。太祖皇帝有一天召郑濂来问话,问他家里一共有多少人。

郑濂回答:具体的不太清楚,怎么也有一千多人了。太祖皇帝大为惊奇,这么多人住在一起,不会生出许多事端吗?可是众所周知,郑家一直很和睦,没听说有什么事端。

于是太祖皇帝就问郑濂治家有何法则,怎样才能和睦相处。郑濂的回答很简单:不听无知妇孺的闲言碎语罢了。太祖皇帝听了很高兴,随手赏给他两个梨子。

郑濂拜受了,捧着梨子回到家中。郑濂前脚出宫,太祖皇帝后脚就派校尉跟了去,想看看他是如何处理皇帝的赏赐。

谁知道,郑濂回到家,便将家里老幼一千多口人都召集到一起。阖家大小对着梨子磕头谢恩。之后,郑濂叫人搬来两大缸清水,他将两个梨子切碎了放入水中。

家里一千多人就将这两缸水分着喝了。太祖皇帝得知此事,这才相信郑濂家中一定是和睦安宁的。

| 丧亲章第十八 |

　　这一章讲父母去世,孝子办理丧事和祭祀时应有的行为举止。

　　父母在世的时候,孝子要竭尽所能侍奉父母,父母能够亲眼看见,直接享受。

　　一旦父母去世,孝子的哀痛之情无法言表,行为举止都失去常态。譬如孝子哭的时候不再有委曲婉转的余音,顾不上礼节,仪容也不复平日整齐,说话不再讲究措词……这些都是哀痛之时的正常表现。

　　虽然每个人丧亲之后的表现不同,但是孔子还是规定了一些必要的礼节,譬如居丧三年,不得有艳丽服饰,不得听音乐享受等;父母去世之后,要妥善处理好丧事的一应流程;出殡下葬后还要依其法律制度,建立家庙或宗祠……

　　古人在丧礼方面有诸多繁复严苛的规定,现代人虽然在流程上大大简化,但是思念亲人的哀痛之心却不会有丝毫改变。

子曰："孝子之丧亲也，哭不偯①，礼无容②，言不文③，服美不安④，闻乐不乐⑤，食旨不甘⑥，此哀戚⑦之情也。三日而食，教民无以死伤生⑧。毁不灭性⑨，此圣人之政也。丧不过三年⑩，示民有终也⑪。为之棺、椁、衣、衾⑫而举之；陈其簠、簋⑬而哀戚之；擗踊哭泣⑭，哀以送之⑮；卜其宅兆⑯，而安措⑰之；为之宗庙，以鬼享之⑱；春秋祭祀，以时思之。生事爱敬，死事哀戚，生民之本尽矣⑲，死生之义⑳备矣，孝子之事亲终矣。"

孝经

## 注　释

①哭不偯：哭的时候，哭声随气息用尽而自然停止，不能有拖腔拖调，使得尾声曲折、绵长。偯，哭的尾声迤逦委曲。

②礼无容：丧亲时，孝子的行为举止不讲究仪容姿态。容，仪态容貌。

③言不文：丧亲时，孝子说话不应辞藻华美，文饰其辞。文，指文辞方面的修饰，有文采。

④服美不安：孝子丧亲，穿着华美的衣裳会于心不安，因此，丧礼规定孝子要穿缞麻。服美，穿着漂亮、艳丽的衣裳。

⑤闻乐不乐：由于心中悲哀，孝子听到音乐也并不感到快乐。所以，丧礼规定，孝子在服丧期内不得演奏或欣赏音乐。前一"乐"字指音乐，后一"乐"字指快乐。

⑥食旨不甘：这是说即使吃美味的食物，孝子因为哀痛也不会觉得好吃。旨，美味。

⑦哀戚：忧愁，悲哀。

⑧"三日"二句：这是说丧礼规定，孝子三天之内不进食，三天之后即进粥食；如果悲哀过度，因为长久不吃饭而伤害了身体，也与孝道不合。

⑨毁不灭性：虽因哀痛而消瘦，但是不能瘦到露出骨头。毁，哀毁，因悲哀而损坏身体。性，命。

⑩丧不过三年：孝子为父母之死服丧三年。

⑪示民有终也：这是说对于父母之丧，孝子虽有终身之忧，但丧礼是有终结的。终，指礼制上的终结。

⑫棺、椁、衣、衾：丧礼规定，死者的地位身份高低尊卑不同，棺、椁的厚薄、数量不同，衣、衾的多寡也不同。古代棺木有两重，里面的一套叫棺，外面的一套叫椁。衣，指殓尸之衣。衾，指给死者铺盖的被褥。

⑬陈其簠、簋：丧礼规定，从父母去世，到出殡入葬，死者的身旁都要供奉食物，用簠、簋、鼎、笾、豆等器具盛放，此处只举"簠、簋"为代表。簠、簋，古代盛放食物的两种器皿。

⑭擗踊哭泣：捶胸顿足，痛哭流涕。擗，捶胸。踊，顿足。

⑮哀以送之：悲哀地出殡、送葬。

⑯卜其宅兆：用占卜的方法选择陵园墓穴。宅，墓穴。兆，坟园，陵园。

⑰安措：安置，指将棺椁安放到墓穴中去。措，同"厝"。

⑱"为之"二句：父母安葬后，将死者的魂神迎回宗庙进行祭祀。

⑲生民之本尽矣：这是说，能够做好上述事情，人民就算是尽到了根本的责任，尽到了孝道。生民，人民。本，根本，指孝道。

⑳死生之义：指父母生前奉养父母，父母死后安葬、祭祀父母的义务。

孝经

### 译 文

孔子说："孝子丧失了父母，要哭得声嘶力竭，不要拖着悠长的哭腔，行为举止不再讲究平时的端正礼仪，言语不再考虑条理文采，穿上华美的衣服就会心中不安，听到美妙的音乐也不感到快乐，吃美味的食物也不觉得好吃，这是做子女的因失去亲人而悲伤忧愁的表现。父母死后三天,孝子就要吃东西,这是教导人民不要因失去亲人的悲痛而损伤生者的身体。不要因过度的哀伤而危及孝子的性命,这是圣贤君子的为政之道。为父母守丧不超过三年,是告诉人们居丧是有其终止期限的。办丧事的时候,要为去世的父母准备好棺、椁、衣裳、铺盖的被褥等,将其妥善地安置进棺内;陈列摆设好簋、簠等祭奠器具,以寄托生者的哀痛和悲伤;出殡的时候,捶胸顿足、号啕大哭,哀痛出送;占卜墓穴吉地,妥善地加以安葬;设立祭祀用的宗庙,使亡灵有所归依并享受生者的祭祀;在春秋两季举行祭祀,以表示生者无时不思念亡故的亲人。父母在世时以爱之心、敬之心来侍奉他们,在他们去世后,则怀着悲哀之情料理丧事,如此,人民算是尽到了应尽的本分和义务。养生送死的大义都做到了,才算是完成了作为孝子侍奉亲人的义务。"

## 故事链接

### 百里负米

孔门七十二弟子中有一个叫子路的,为人至孝至纯。子路从小家境贫寒,经常靠吃野菜度日。但是他觉得自己正年轻,吃野菜没关系,可是父母年纪大了,光吃野菜营养不够,很是担心。

于是子路就辛勤做工,得到点儿收入就拿去买米给父母吃。他们家住得又很偏僻,要走到百里之外才能买到米。子路为了父母的身体,不辞辛劳,一年四季,不论刮风下雨还是烈日炎炎都会步行到百里之外去买米,然后再背回家。冬天雪花纷飞、寒冷刺骨,子路踩着路上的深雪和泥泞,一步一滑地向前走,实在走不动了就歇一会儿。碰上下雨的时候,他就把米袋子藏在衣服里,捂在怀中，宁愿自己被淋湿，也不让大米淋到雨。

后来子路的父母双双过世，他游历到了楚国。楚王十分推崇他，给他高官厚禄，每日山珍海味、锦衣玉食，出门还有车队相随。但是子路并没有感到欢喜，而是时常感叹，如果父母还能在世同他一起享受该多好啊。现在他即便是想再背着米从百里之外走回去供养双亲，也永远不能了。

孝经